꿈의 자리

꿈의 자리

2025년 11월 20일 초판 1쇄 인쇄 발행

지은이	김영탁
펴낸이	박종래
펴낸곳	도서출판 명성서림

등록번호	301-2014-013
주소	04625 서울시 중구 필동로 6 (2, 3층)
대표전화	02)2277-2800
팩스	02)2277-8945
이메일	msprint8944@naver.com

값 15,000원
ISBN 979-11-7439-058-5

본 책의 구성 및 맞춤법, 띄어쓰기는 작가의 의도에 따랐습니다.
이 책의 저작권은 저자와 도서출판 명성서림에 있습니다. 무단 전재 및 복제를 금합니다.
이 책 내용의 일부 또는 전부를 재사용하려면 반드시 저자와 도서출판 명성서림의 동의를 얻어야 합니다.
파본은 구입처에서 바꾸어 드립니다.

李完 <사진작가 (본명 李完珩. 영동고등학교교장. 수학)>

이완 작가의 사진은 힘이 있다. 생기가 돈다. 여기에 더하여 섬세함은 문외한의 눈에도 황홀경에 이르게 한다.

이완 작가는 10년 가까이 파킨슨과 혈투 중이다. 이 사진 보내올 때만 해도 통화가 자유로웠다. 지금은 사정이 다르다. 사진에 대한 설명이라도 들을 걸 후회가 된다. 전신의 그 혹심한 떨림도 작가의 예술혼은 꺾지 못한다. 해 뜨는 시간이 출사 시간이다. 그 몸으로 피사체의 생명을 건져 올린다는 건 기적이다. 인간의 힘으론 불가능한 일이라 생각된다. 필자완 절친 사이다. 애석하다. 천지신명께 비나이다. 우리 이완님의 건강을 지켜주소서-

약력

김 영 탁
yt0317@naver.com

■ 이력

　단기연호 4292년도였으니, 1959년이 된다. 월간 『교육자료』지에 「싸락눈」이란 제목의 시를 실었다. 『월간철도』지에도 작품을 종종 올렸다. 그러다가 문학과 거리를 두었다. 대입시가 중요한 인문고교에 근무하면서 글 쓰는 일에 정력을 쏟기란 어려운 일이었다. 동흥상고를 거쳐, 永東高等學校에서 교편을 잡았다. 명예퇴직, 최종직급 교감이다. 수필문학추천작가회(한국수필문학작가협회), 문학저널에서 수필과 소설을 각각 추천받았다. 2002년 국사편찬위원회 사료조사 위원으로 위촉되어 활동 중이다. 서울시지회장 역할(2914~2022) 다년간 했다.

■ 표창, 수상

　국무총리·교육부장관·서울특별시교원단체연합회 등의 표창과·서울특별시문학상·제2회시흥문학상·시사노권타임즈문예상·톨스토이18주년기념문학상대상·서울강남문예상대상·문경문학상대상·문학저널 문학인 작품상·전국문화원연합회주관향토문화 논문부문수상 등

■ 문단활동

강남문인협회회장·국제펜클럽한국본부인권위원·한국수필문학가협회 초대총무,제3대회장·강남문인협회회장·산양초등학교총동문회부회장·중앙대문창과총동문회부회장·중앙대문인회감사·한국농악보존협회이사·한국문인협회 문단윤리위 위원장등 역임·국사편찬위원회사료조사위원 서울시지회장·현,한국문인협회 자문위원

■ 저서: 장편소설『연리목에 핀 무궁화』외 15권

■ 기타, 논문

『韓國의 農樂(上)』『江南의 鄕土文化 紀行』『아리랑 考』『춤사위』『山陽初等學校60年史』최초편찬. 〈全國鄕土文化論文募集(한국문화원연합회주관)〉에 수상하였다.

『마을 農樂의 形成史』란 주제를 설정, 全國에 散在한 50여 농악팀의 현장 답사는 물론, 그중 32개 무형문화재 농악팀에 대하여는 심층적으로 조사 정리하였다. 이를 위한 기초작업은 수년 내지 수10년간에 걸친 과업이었다. 이에 병행하여『6·25南侵戰爭 이후 형성된 傷痍軍警의 生活과 活動』이란 주제로, 大韓民國傷痍軍警會 企劃室의 자문을 받아, 네 분의 生活史를 정리하였다. 두 主題는 國策事業인바, 2백자 원고용지 기준 1만 5천여 매 분량의 口述과 錄取文을 작성하여, 國史編纂委員會 書庫에 보관하였다.

작가의 말

시조時調와의 인연

    시조 5편을 꾸렸습니다.
    개학 날 가방에 넣고 등교를 했습니다. 이영도 교수님 손에 넘겨지면 '시조시인'이 됩니다. 교수님이 그렇게 약속을 주셨습니다. 그러나 허사가 되고 말았습니다. 비보를 전해 받았습니다. 교수님이 하늘나라로 가셨습니다. 애석한 일입니다. 수업시간의 인연이지만 교수님은 나에게 기대를 많이 하신 것 같았습니다. 그분의 오뉘(이호우·이영도) 시조집에 『비가 오고 바람이 붑니다』란 명저가 있습니다. 한 박스에 2권의 시조집을 묶어 넣은 귀한 시조집입니다. 오빠의 『휴화산休火山』과 여동생의 『석류』가 그것입니다.
    그런데 그 시조집이 시중에는 없었습니다. 내가 그 시조집을 갖고 싶다는 의중을 교수님이 알고 계셨나 봅니다. 어느 날의 수업시간입니다. "미안하지만 김 학생 그 시조집 시중에는 없어요. 초판 2천 부를 찍었는데 어느 독지가께서 몽땅 사 갔어요. 그분이 현금 받고 팔지는 않고, 본인이 요구하는 책을 가지고 가면 물물교환은 가능해요" 이쯤으로 이야기는 끝이 났는데, 교수님께서 그 시조집을 구해오셨습니다. 그리고 하계 종강 시간, 시조 5편을 써오라고 했습니다. 나는 있는 힘을 다해 그 양을 꾸려서 개강 첫 시간에 가지고 갔던 것입니다. 어떻게 하나요. 방학 중 교수님께서는 병마를 이기지 못하셨습니다. 이후 나는 시인의 꿈을 접었습니다. 만약에, 만약에 그 알량한 지식 가지고 시조시인이 되었다고 생각해 봅니다. 소름 돋습니다. 망백을 넘긴 나이에 이르고도 문학의 속내를 모르는 식견 가지고 시조를 짓는다는 것 맞지 않습니다.

어느 날엔가 식당으로 가는 길이었습니다. 식당은 대한본부 가까이에 담을 사이에 두고 있었는데, 교직원의 단골식당입니다. 중앙대 시절 얘기입니다. "길동이가 천료작품이라며 가지고 왔는데 돌려보냈다. 문단만 더럽힌다." 김동리 교수께서 느닷없이 이런 말씀을 던지십니다. 아차 싶었지요. 나에게 경고를 하는 것으로 여겨졌습니다. 길동이가 초회 추천을 받은 것은 1958년도 이고, 식당 가는 길 이런 말씀을 하신 것은 1976년 4월이었으니, 꽤 긴 시간 사이의 이야기가 됩니다. 추천에 신중함을 보이시던 순간이었습니다. 참 스승의 모습을 보았습니다.

김동리·이무영·안수길·서정주·박목월·김춘수·김현승·이영도 시절에는 문인반열에 오르기가 쉽지 않았습니다.

그간 시작詩作을 하면서 시인 될 재주가 없음을 새삼 느낍니다. 운문이란 것이 오성悟性이 아닌 감성感性에 의해 빚어지는 것을, 시적 감성에는 늘 무딘 사나이입니다. 여기 담은 85편 모두가 시가 아님을 압니다. 고욤나무의 고욤꽃을 감나무의 감꽃이라 명패 했으니, 노망이라 여겨주기 바랍니다. 더구나 병마와 싸우는 가정사 이야기를 모아 성스러운 시조집이라 이름 달아 출판을 하다니, 미안하고 송구스러울 뿐입니다.

'문예창작학과'라는 특수한 과에서 공부하면서 참으로 많은 문인을 만났습니다. 명동에 가면 〈갈채〉라는 다방이 있습니다. 어느 때이고 들리면 문인들로 만원이었습니다. 그 멀지 않은 곳에 〈돌체〉라는 '음악감상실'이 있었습니다. 다방은 2층이고, 감상실은 지하였습니다. 촌놈 주제에 모두 어울리지 않는 곳이었습니다.

곁에 있어야 할 사람의 생명 시한을 눈으로도 계산이 가능한 병마와 싸우고 있는 모습을 보노라면, 남편의 인정은 가랑잎 모양 바스락바스락 소리를 내며 일그러지는구나, 이렇듯 착각이 옵니다. 참으로 애석하고 안타까운 일이지요. '치매', 말로만 듣던 것보다 어려운 뒷바라지인 터입니다.

이영도 스승님께 보답하는 길이라 여겨 출판했습니다.

'문예창작학과'라는 특수한 과에서 공부하면서 참으로 많은 문인을 만났습니다. 명동에 가면 〈갈채〉라는 다방이 있습니다. 어느 때이고 들리면 문인들로 만원이었습니다. 그 멀지 않은 곳에 〈돌체〉라는 '음악감상실'이 있었습니다. 다방은 2층이고, 감상실은 지하였습니다.

左: 김기억(소설가·철도박물관초대관장) 김영탁(소설가·국사편찬위원회사료조사위원) 최두유(시인·철도청기관사) 김정호(金素月詩人 長男) 서정주(시인) 김동리(소설가). =未當님古稀

오래된 사진입니다. 쉬었다가 가시기 바랍니다. 시인 김소월님의 아드님 모습도 보입니다. 시계방향 4번째 인물입니다. 그는 국회 도서관에서 일했는데, 미당님이 취직을 지켜주셨습니다. 미당님은 김정호보다 그 아들을 더 좋아하셨습니다. 아들 정호는 소월풍이 아니온데 아들의 아들은 지 할애비를 닮았다고, 세배 오면 용돈도 두둑이 주시곤 했던 것입니다. 또 하나 동리, 미당 두 분이 문학 행사장에서 같이 사진을 찍은 것은 이것이 유일하다고 했습니다. 희귀본인 셈입니다.

천지가 황금색이네요! 창 너머 경치입니다. 조락의 순서가 기다리고 있기에 또 슬퍼집니다. 눈물이 흔해졌습니다.

상편 上篇

이승 곁

약력	04
작가의 말	06

狎鷗亭 사서루에서
동천 金泳卓

/ 치매환자와 살기 /

01	11095697	14		21	세상 살기	43
02	절친	16		22	심심해!	44
03	취향의 발견	17		23	컬러링북	45
04	원망	18		24	칭얼이	46
05	사랑의 화신 아네모네	19		25	예쁜 치매환자	47
06	추공秋空	20		26	연서기戀書記	49
07	양재천과 동방삭이	22		27	태몽기胎夢記	51
08	구국	24		28	박꽃	53
09	아내	25		29	효심	54
10	충신의 길	26		30	저승맞이	55
11	고탑	27		31	우이암의 가을牛耳岩	57
12	낮꿈	29		32	종강의 설움	58
13	독거 연습獨居	31		33	산행 찬가	60
14	장수촌	32		34	이별곡	61
15	저승 예약	33		35	사지死地	63
16	희망가	34		36	역학力學	65
17	짝사랑	36		37	순서와 순번	67
18	색맹	38		38	고독	69
19	배냇짓	40		39	고향이란	70
20	사랑법	42		40	귀농, 귀촌	71

저승 곁

/ 치매환자로 살기 /

01	건강법 비교	74
02	네이처	76
03	첫상봉	77
04	상사相思	78
05	고향마을	79
06	둘쨋 날	81
07	즐거운 시간	82
08	친화	84
09	기만	85
10	인연	86
11	관상	88
12	불두화	89
13	요정이네 집 구경	91
14	고려시대의 풍습	93
15	정상 뇌	95
16	부엉이 셈법	97
17	초보네 마을	99
18	망각곡선	100
19	환생	102
20	환상	103
21	이승에 남기	104
22	우이독경	105
23	망각지대	106
24	관심 갖기	107
25	요양원 식구되기	108
26	수구초심	109
27	씨아똥	111
28	무명용사	112
29	뻐꾸기	113
30	추공秋空	115
31	궁합	116
32	아내	117
33	보고 싶구나	118
34	병상일지	119
35	죄의 비교학	120
36	죽마고우	122
37	계절의 나이 들기	124
38	공간	126
39	부부	128
40	불투명 시인	129
41	반딧불이 처럼	130
42	압구정자狎鷗亭子	132
43	여보! 여보!	134
44	애사哀史	135
45	긴 이별	136
46	돌아오지 않는 다리	138

上篇 이승 곁 ─── /치매환자와 살기/

11095697

남편의 군번이다
치매님께 물었다

11095697
서슴없이 외운다

치매가
얀정 없다만
애국심은
품누나

가슴이 뭉클해진다. 대형태극기를 보았다. 서울 광화문광장에 대형 태극기 게양대를 만든다고 한다. 이견異見을 보이는 집단이 있어 성사 가능성은 희박하다. 사진은 어느 일간신문을 복사했다

절친

은하택배 직녀님이 급송배달 전해주네
남자친구 만나기는 팔십평생 처음이네
내 생에
최고의 고민
무슨 옷을
입을까

치매환자의 옷장이다. 겨울 외투만 보인다. 이 옷 한 벌 입혀주고 싶다.

취향의 발견

한강모래 뒤져가며 일난쌍둥 맞춰보기
채탄막장 생명걸고 손에잡는 금맥줄은

손털고
되돌이하는
아마추어
관상법

거실에 있는 장식장이다. 환자가 소유한 지 60년이 넘는다. 3층 가득 물건이 쌓여 있다. 여행을 가서도 사서 왔다. 환자는 5년 동안 이곳에 눈 한번 주지 않는다. 빛이 반사되어 내용물이 잘 뵈질 않는다.

원망

창포에 감은 머리
팟뿌리로 길러내며

날실이 이어지듯
씨실이 짜여지듯

언니야
시나부로
치매환자
되었네

환자의 애정이 묻어 있는 소품이다. 환자는 양장보다 한복 입은 모습이 더 어울렸다. 삼작 노리개와 옥반지를 쌍으로 끼고 초대에 참석하기도 했다.

사랑의 화신 아네모네

계수나무 집을 지어
토끼 한쌍 키워주면

신의 사랑 아네모네
생명 연장 담보하지

첫사랑
아프로디테*
아도니스*
살렸네

* 사랑의 여신(꽃의 전설)
* 사냥꾼(꽃의 전설)

사냥꾼의 사나이 아도니스는 힘 센 멧돼지의 뿔에 상처를 입고 많은 피를 흘리며 숨이 멎는다. 아프로디테는 눈물을 흘리며 아도니스가 흘린 피 위에 신들의 술을 부어준다. 그 자리에 피어난 붉은 꽃이 아네모네이다. 사진은 컴퓨터에서 따왔다.

추공 秋空

한성漢城의 성곽을 젊음으로 누비다가
힘없는 날개죽지 안산安山의 중턱이네
그쪽이
다 늙었거늘
이쪽인들
성할까

어이하다 무정한 세월에 발목 묶여
철 늦은 석양길에 만나보게 되었는고
노옹도
1천 근쯤은
왼손으로
들었지

그쪽 이쪽 꽁꽁 묶어 찰떡 되이 뭉개보세
이쪽은 약관弱冠이오 그쪽은 과년瓜年이니 .
천혜의
찹쌀떡 궁합
천년세월
누리세

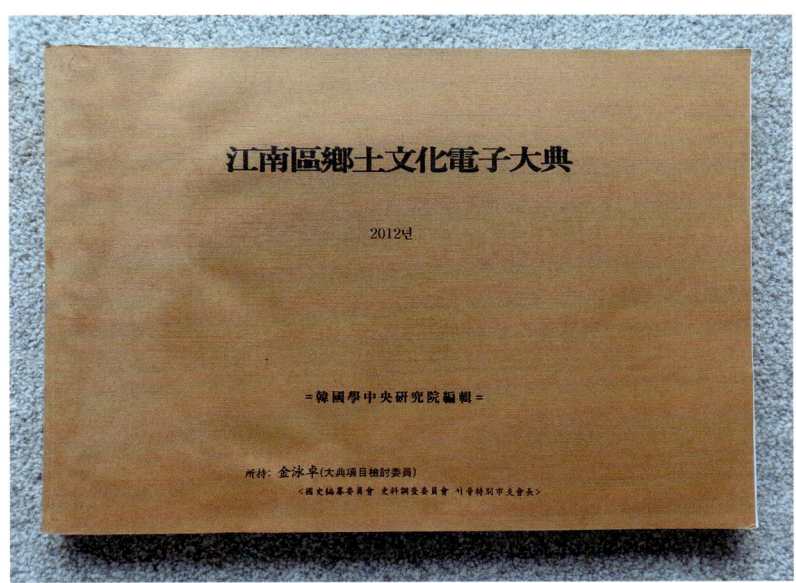

『電子大典』 강남구의 처음과 끝이 담겨 있는 '전자대전'이다. 내가 원하는 강남구의 모든 것이 여기에 담겨 있다. 필자도 힘을 더했다.

『電子大典』 내용의 한 페이지 이다. 2025년 5월 중순 그간 변동 사항을 점검 내용을 보완했다.

양재천과 동방삭이

양재천 뚝방 길에 꽃비가 내리면
탄천은 핏빛 되어 한강으로 빨려들고
일천만
서울시민은
세월 안고
흥겹네

목탄黑炭을 표백하는
방망이 웃음소리

갑자 삼 천 살았건만
처음 보는 흥이로다

꼬투리
잡힌 동방삭
포승 묶여
가누나

동방삭이 생존법을
치매한자 전수받아
천년세월 같이하며
사랑웁게 살아보세
인간아
가면을 벗고
홍익 사람
되어라

서울 강남구 양재천에 세워져 있다. 서울시 강남구에서 정서함양의 일환으로 문인들의 시를 가려, 연 2회 게시한다.

구국

해와 달이 지켜보는 6월의 초승달빛
원한으로 포박된 조선 혼이 서럽다네
만월을 실기하더니 단군혼檀君魂도 잊는가

그대의 깊은 심지 삼지연三池淵을 앞지르고
사골탕의 마중물이 온기를 안고 돌듯
당신의 다진 마음에 구국심을 품어라

청사년靑巳年 삼재띠에 국운은 풍전등화
연리지목 곧은의지 화랑정신 이어받아
그대는 청무궁화로 영원토록 살거라

컴퓨터에서. 한떨기 청무궁화, 귀한 품종이다.

아내

시어머니 솜씨 이어 사려 짜 온 목면포
두루미로 돌아앉아 하늘깃을 접더니만
타래실
바늘귀 꿰어
천년수의壽衣
깁누나

안경 쓴 눈망울로 북망산길 익혀두고
주름진 시접 풀어 다림이질 하더니만
이녁도
눌자리 찾아
하초*싸게
만드네

* 배꼽 아래의 부위

여자의 수의 깁기

충신의 길

어치가 새참 달라 응어리 부리듯
아첨도 지나치면 자리보전 어려울 터
재상이
조라떨다가*
관복 벗는
꼴불견

* 일을 망치도록 경망스럽게 굴다.

내화리(화장마을)마을 주민. 17세기 중반 이후 충신, 엄홍도와 단종의 모습이다. 엄홍도는 조선의 지조 있는 선비로 조선 6대 임금이었던 단종이 영월에서 시해당하자 시신을 거두어 장사 지냈다고 한다. (노연옥 동창회장과 필자, 동상은 산북면 내화리에 조성되어 있다. 2021.9.10.) 치매환자가 이 그림을 아주 좋아한다. 뿐만 아니라 이야기 듣기를 더 좋아 한다. 필자가 들고 있는 것은 마스크이다.

고탑

험산 겹겹 성난 물살
신이 잊은 두메 산골

철쭉꽃 피울음을
두견이 더러 울고

밤바람
머문 자리에
산죽향이
잠드네

구름 한 폭 사리고도
숨이 가쁜 세월 안고

이 고장 전설 모아
한을 묶는 인고忍苦이듯

비 젖는

삿갓봉 옛 탑

천년학이

앉았네

* 〈사학연금 2013. 06〉

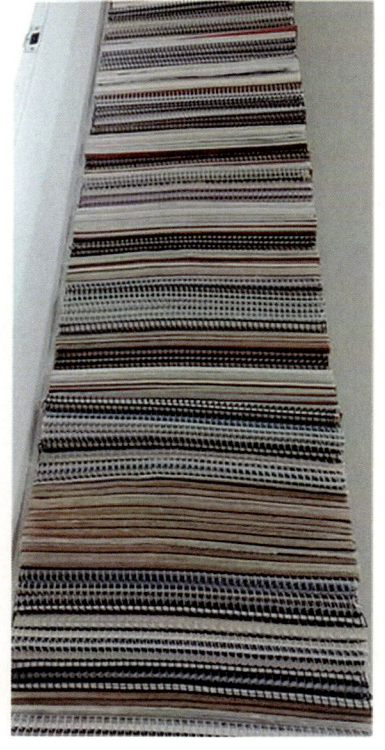

이불장을 열어 보면 언제나 반듯하게 정돈이 되어있다. 군인 시절 관물함을 보는 듯하다. 오른 쪽은 필자의 스크랩북이다. 1970년대부터 모았다. '건강'에서 '효문화'에 이르기까지 총 31덕목 별로 스크랩했다. 필자에겐 창작의 자산이다. 포개어 놓으니 필자의 키 높이에 닿는다.

낮꿈

내 머리가 어디 갔네
아유! 아유! 아무것도
생각이 끊어지네
환자의 환각상태

처 치매
여름 하늘에
겨울 눈을
뿌리네

환자는 작은녀석이 좋은가보다. 어릴 때부터 엄마의 에너지였다. 정겹게 손을 잡고 낮잠을 잔다. 보기에 평화?롭다.

30 꿈의 자리

李完. 교육자. 사진작가. 병원에 입원 중이라, 사진 설명을 들을 수 없다.

독거 연습 獨居

환자 우니 내가 울고,
내가 우니 환자 울어

노망끼도 치매끼도
겪지 않고 살았다네

상급반
치매 환자는
요양병원
합격생

안방의 큰옷장을 열었다. 지난 시절 입던 여름 저고리와 치마가 정겨웁게 담겨 있다. 저 옷 다시 한번 입혀볼까! 심장이 요동친다.

장수촌

무릎베개 팔베개 하루하루 힘이달려

부부동반 공복하는 인삼산삼 좋다지만

둘합쳐
백 8십 4세
이만하면
장수지

배경 사진 유화는 손녀가 그린 그림이다. 양쪽의 사진은 우리 둘의 50대 중반의 모습이다.

저승 예약

노망의 호적명을
예우하면 치매환자

남이 알까 부끄러워
시간시간 숨기네

먹는약
글리아타민
하눌님의
처방전

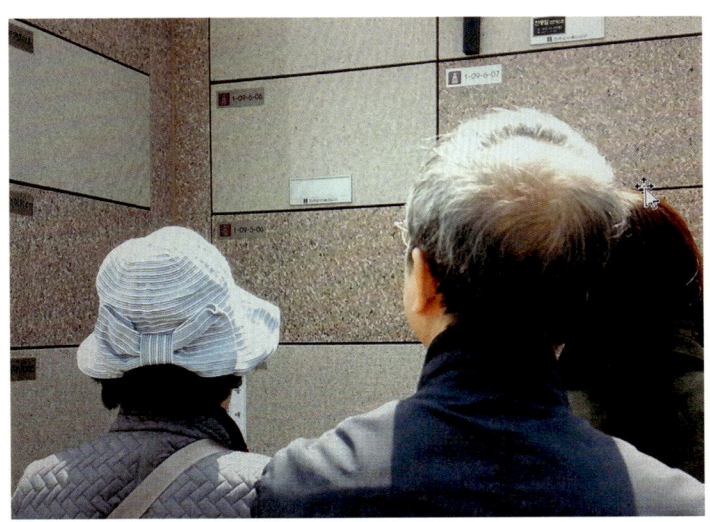

두 사람 눈 감으면 옮겨가서 쉴 자리다.
머무를 집 - 번지수: 1-09-5-06
머무를 땅 - 지번: 경기도 용인시 처인구 모현읍 오산로 154-62

희망가

치매와 마주 앉아
낭만 담고 커피타임

여보 호칭 너무 좋아
정신 놓고 마시다가

해지면
뜬눈 지새며
청춘열차
타 보세

환자가 가장 치열하게 본인의 솜씨를 보여주고 있다.

둘이서 식사 후 차 마실 때가 종종 있다. 사진은 지인의 선물.

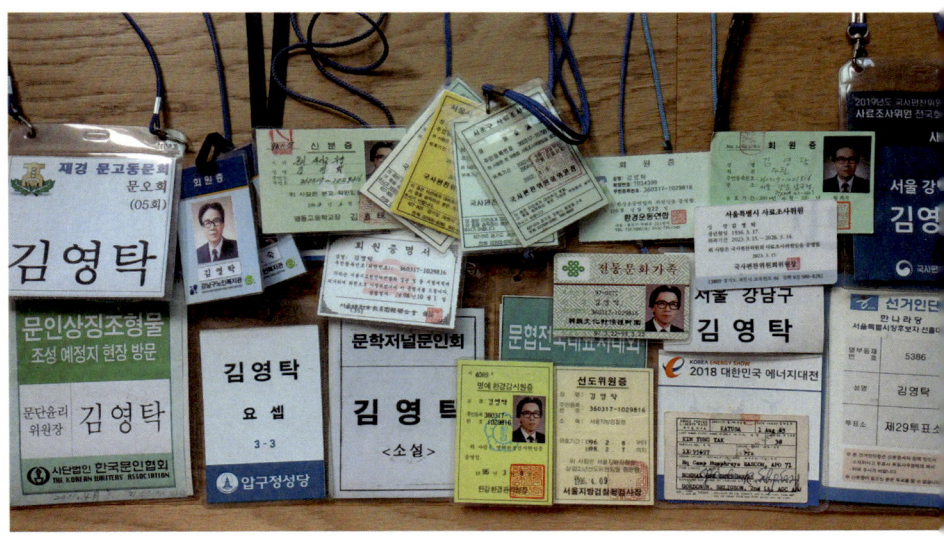

버리지 못하는 습관은 천성인가 보다. 정리를 하다가 보니 종류가 다양했다. '서울지방검찰청'에서 지급한 '선도위원증'이 없었더라면 창피를 당할 번한 일도 있었다. 영어로 기재된 신분증은 카투사로 미8군소속이면서 '평택 K6 의무대'로 파견 나가서 근무할 적 사용하던 식당 출입증이다.

짝사랑

흉몽 길몽 밤새우며
노 젖다가 늦잠 자기

어머니가 나타나
가잔다는 저승 유혹

마님은
치매 칠년차7年次
언제까지
머물지

'대통령기록물 기증자의날' 기념 사진이다. 모두 14명이다. 뒷줄 중앙長身은 담당관이다. 사진 3매와 기증자 카드를 뒷날 우편으로 보내왔다. 기증일은 2015년 12월18일이고, 기증번호(본인)는 1015-14이다

환자가 거처하는 안방이다. 안방 정리는 환자 본인이 한다. 안경집 하나도 허투루 놓지 않는다. 핸드폰을 들고 있다. 거실로 나가겠다는 표정이다.
위는 필자의 긴 팔 흰셔츠 와이샤스이다. 진솔이다. 저승옷이다. 삼배옷 대신 내 입던 정장 입고 갈 생각이다.

색맹

치매 환자 좋아하는
색상은 빨강, 자주, 초록

정상인이 좋아하는
색상은 초록, 빨강, 노랑

네 분씩
의견 모아서
표본 비교
했지요

컴퓨터 抄.

순	성명	색깔 선호 1	색깔 선호 2	색깔 선호 3	비고
1	ㅊㅂㅅ(90)―女	주황	노랑	빨강	환자
2	ㅇㅇㅅ(83)―女	하늘색(연한)	보라	분홍	〃
3	ㅂㅈㄱ(89)―男	초록	빨강	파랑	〃
4	ㅈㅊㅎ(89)―男	청색	분홍	흰색	〃
5	ㄱㅇㅌ(91)―男	녹색	분홍	노랑	정상
6	ㄴㅇㅇ(89)―男	빨강	노랑	파랑	〃
7	ㅅㅎㅅ(72)―女	하늘색	분홍	청보라색	〃
8	ㅊㅇㅅ(75)―女	파랑	초록	오랜지	〃

환자 4명 비환자 4명이 선호하는 색상 비교다. 모두가 지인이다. 서류상의 질문으로 이루어졌다. 공통점은 성인이 되어도, 건강에 이상이 와도, 선호하는 색깔이 변하지 않는다는 결론이다.

배냇짓

네살박이 오줌싸듯
이불 위에 도료했네

망백이든 네 살이든
배냇짓은 동일 선상

요양원
예비후보자
1차관문
뚫렸네

배냇저고리와 저승길 모습이다. 배냇저고리의 주인공은 큰딸이고, 저승길 모습은 컴에서 따왔다.

사랑법

365일 새벽미사 묵주들고 암송하기
제대 앞의 아네모네 가슴꽃을 피울 때
천주님 천길 먼 곳에 그림자로 반기네

해시亥時*면 각자도생 천당 문을 열고 들어
묵주기도 5단 암송 천지창조 처음 사흘
제의 영대祭衣領帶*
백색 사제의白色司祭衣*
천년 복음 담았네

* 21~23시
* 미사를 봉헌할 때에는 영대를 매고 그 위에 제의를 입으며, 그 외 다른 의식을 집전할 때는 영대를 매고 망토 모양의 긴 외투인 캅파를 입는다.
* 사제의 흰색 제의

성당(압구정성당)에서 사목활동 (홍보분과 위원장, 연령회) 10여 년간 했다. 홍보를 위한 공지를 하고 있는 필자의 모습이다.

세상 살기

슬픔을 졸업하고 먹고 자고 편한 사람
열 가지 질문해도 모른다가 정답이지
세상사 무아의 경지 무릉도원 산다지

십장생도圖: 해, 구름, 바위, 물, 소나무, 대나무, 학, 사슴, 거북, 불노초. 컬러링북에서 초록했다. 덧칠은 환자의 솜씨다.

심심해!

심심해! 치매씨의 당당한 후렴이다
스니커즈 초콜릿 껍질 벗겨 입에 넣기
뜸부기 새끼 보듬듯 시간 제촉 먹인다

24시간 옆에 있어 좋아하는 치매환자
무슨 수심 품으셨나 미간에 내천차
저승길 드실 때에는 훌훌지워 버리소

환자가 좋아하는 초콜릿이다. 몸이 부대해지지 않음 환자의 요구를 다 들어줄 수 있다. 참으로 안타까운 일이다. 환자 모르게 필자의 방에 숨겨두고 먹고 싶은 기색을 보이면 어린아이 까까 주듯 포장을 벗기고 눈을 감긴 다음 입안에 넣어준다. 이런 나의 애교(?)를 환자가 좋아 한다.

컬러링북

갈릴래아 호숫가에
인생 낚는 건장어부

마태오의 복음부터
요한 묵시록 펼쳐가며

세상사
소록이 담아
우주 택배
띄우네

컬러링북은 치매환자의 유일한 벗이다. 마주하고 있으면 1시간 이상이 보통이다. 그 시간이 본인에겐 가장 행복한 것 같다. 열심히 그리고 있다.

칭얼이

4살토록 칭얼칭얼 등에 붙어 자랐네
일본가서 뭣하는지 한국오기 싫은가봐

눈 뜨면
노스탤지어
눈감으면
칭얼이

컬러링북에서 초록. 덧칠은 환자 몫이다.

예쁜 치매환자

하루해가 길다던가 텅텅비는 세포군락
환자만 모른다는 치매라는 하늘길

남몰래
지팡이 짚고
홀로 가는 눈먼 길

밥이오면 밥을먹고 밤이되면 잠을자고
하루종일 허송세월 무슨생각 저리깊어
쓴약도
마다않으니
그를일러
예쁜치매

2024 겨울이다. 밖에는 눈이 내린다. 환자는 핸드폰을 들고 소파에 누워서 마냥 시간을 보낸다. 메일을 주고받느라 여념이 없는 듯하다. 절친들과의 소통이다. 7,8 명 된다. 월요일이면 만나 명동 롯데백화점에서 식사를 하고, 놀다가 돌아오는 월요짝이 있었다. 양평 사는 한씨 성을 가진 서울분이다.

백두산 천지연의 모습(1991.7.25.)이다. 16개의 봉우리 중 6개가 중국, 7개가 북한, 3개는 양국의 영토에 접해있다고 했다. (필자가 들고 있는 수첩에 2주간의 중국 여행기가 빼곡히 기록되어 있다.

연서기 戀書記

고분 마음 사려담은
백 한 번째 서찰을

쪽배 불러 택배로 싣고
은하수를 역류하듯

견우는
직녀를 찾아
오작교를
건넜네

치매환자 가고나면 이몸옆엔 누구없어
허수아비 참새보듯 이방저방 지켜보며
부룩소*
뿔을 숨기듯
죽은 듯이
살겠소

* 작은 수소(小犅)

영동고등학교에 부임하여 조직한 특활반 천둥패는 8학군의 모범이었다. 단원을 모두 수용할 수 없을 정도로 인기가 있었다. 단체에서 협찬을 요구하여 풍물을 잡혀주기도 했다. 사단법인 국립극장예술진흥회에서 주체한 1994년 공연예술제에 출전하여, 『청소년동아리 창작 경연대회』 최우수동아리상을 받았다. 퇴임 선물로 천둥패 단원의 감사패를 받았다. 대통령 기록관으로부터 받은 감사패가 있다. 전두환 대통령의 휘호 족자를 기증하여 받은 감사패이다.

이완(사진작가. 입원 중이라 사진 설명 요청 불가)

태몽기 胎夢記

가로 엮은 댕기 풀어
원앙금침 사려놓고

구름 속 선녀 불러
고천문 告天文 을 낭독하면

한울림
감응하시고
옥동자를
주시네

천주고 견진성사세례(압구정성당. 김수환 추기경님. 맨 앞쪽이 환자인 천병숙 마리아)

천주교 세례받던 날의 식구들 (1996.11.23. 미아3동성당 김영탁 요셉). 송락 이노시오 신부님으로부터

박꽃

창포에 감은 머리 백발이 되얏는가
삼우제三虞祭 어스름을 밤새워 삭여가며
뜨거운 입김 서리어 이 밤 열며 튼 입술

박꽃, 박꽃은 해 질 무렵에 핀다. 해가 넘어가고서야 완전히 개화한다. 개화의 목적은 존속을 위함이다. 이는 단순 철학인가. 모든 날짐승은 해가 넘어가면 움직이지 않는다. 벌도 마찬가지다. 밤에는 정받이가 불가하다. 바람뿐이다. 박꽃이 밤에 피는 이유는 설명이 되지 않는다. 박의 소유는 부엌 마님이다. 환자의 혼이 담겨 있을까. 그런 생각이 들었다.

효심

시어머니 솜씨 이어 사려 짜 온 목면포
두루미로 돌아앉아 하늘깃을 접더니만
이녁도 바늘귀 꿰어 천년수의壽衣 깁누나

수의는 시신을 염습할 때 입히는 옷이므로 염습절차에 따라 입히게 된다. 염습은 조선시대에는 신분에 따라 습(襲)·소렴·대렴의 순서로 엄격하게 지켜졌지만 오늘날에는 간략하게 염습을 같은 날에 함께 행하기도 한다. 평소에 고인이 즐겨 입던 옷을 입고 가는 경우도 있다. 컴퓨터에서 초록.
남자의 수의- 속저고리, 겉저고리, 바지, 속바지, 두루마기(도포), 버선, 대님, 요대, 대대, 행전, 습진.
여자의 수의- 속적삼, 속저고리, 겉저고리, 속옷, 단속옷, 바지, 청치마, 홍치마, 원삼, 버선, 대대, 습진.

저승맞이

안경 쓴 눈망울로
북망산길 익혀두고

주름진 시접 풀어
다림질 하더니만

이녁도
눌자리 찾아
하초싸게*
만드네

* 하초: 배꼽 아래의 부위

수의 원단이다.
전통상례절차 : ◆임종 → 수시 → 고복 → 발상 → 전 → 습 → 소렴 → 대렴 → 성복 → 치장 → 천구 → 발인 → 운구 → 하관 → 성분 → 반곡 → 초우 → 재우 → 삼우 → 졸곡 → 부제 → 소상 → 대상 → 담제 → 길제

예비환자의 눈에 비친 저승의 모양이다. 황홀하다.
사진은 컴퓨터에서.

우이암의 가을 牛耳岩

도봉산 우이암에 꽃비가 내리면
붉게 타는 소귓돌 천상단풍 지상단풍
사랑의
불기짝이라
가슴 쓰러
내리네

도봉산 우이암(牛耳岩). 소의 귀를 닮은 바위라서 우이암이다. 등산객이 많이 찾는 곳이다.

종강의 설움

정형시가 이렇다고
산문시가 저렇다고

서영감님 시작시간
열공이던 57학번

종강숙제
베아트리체*
초상화를
그리기

시는 천상의 선물 영감님은 신선의 화신
등짐 가득 숙제 안고 허리 휘는 예비시인
지옥 사는
베아트리체
무슨 수로
만나지

* 단테의 『신곡』에서, 첫사랑의 연인 베아트리체는 연옥의 안내자다.

李完 사진작가, 도라지꽃. 도라지꽃은 우리 한민족의 정서다. 상냥하고 따듯하다.

산행 찬가

원통사 출발하면 현암사 코앞인데
등산화 뒤축이 부종을 앓는다
겁 많은
치매환자는
큰눈 뜨고
있겠지

삿자리 자질하며 하산하는 비탈길
계절을 잃어버린 서러운 꽃비를
이 한몸
승여僧女가 되어
죽비로
맞고 있네

도봉산 여성봉 원통사 전경이다. 사진은 컴에서 초록하다.

이별곡

어제처럼 나는 오늘 양재천 사람이다
탕자의 등목욕에 송사리떼 몰려들고
가을을 갉아서 먹는 메뚜기로 철든다

살갈퀴 여우꼬리풀 치매환자 잊었나
고부간의 사랑은 환자가 더잘알아
양재천 이별곡 후렴 새재길이 앞서네

백두대간 이화령 구길 고개다. 필자는 대학 재학시절 이 영(嶺)을 넘는 버스를 타고 상경했다. 비포장 도로다. 종점 을지로 6가 서울운동장 앞까지 14시간 요소 된다. 영을 넘는 시간만 50분이 소요되었다. 오래전 이야기다.

천지가 백설이고 동토이다. 어디를 보아도 혼자일 따름이다. 새끼는 3번 넘어지고, 3번 일어났다. 그리고 오들오들 떨면서 "엄메에-" 하고, 엄마를 애타게 불렀다. 아직 탯줄이 달려 있다.

새끼를 두고 혼자 떠나는 어미말, 이토록 절박했을까. 있을 수 없는 장면이다. 참으로 냉혹한 삶의 현장이다. 사진은 KBS TV 화면이다.

사지死地

밤눈은 폭설이고 천지가 눈꽃이다

하루살이 내일의 이치를 모르듯

인간은
생명시원을
모른다고
한다지

↑ 아유! 상모솔새

'한국조류도감'에서. 100원짜리 동전 무게의 상모솔새는 1미터 반에 이르는 큰고니 날개짓을 흉내내며, 영하 30도C까지 내려가는 시베리아·알래스카를 떠나 한국으로 날아온다. 반짝 살고 떠나는 나그네새이다.

필자는 어릴 적 수수대로 발을 엮어서 원통 모양으로 만들어, 한옥의 추녀 속에서 잠자는 새를 잡아 구어서 먹었다. 꿀뚝새를 두 번인가 잡은 기억이 난다. 이놈은 성질이 하도 급해서 왼손으로 잡아 오른손에 건너는 사이 숨이 끊어진다. 꿀뚝 속에서 태어났는가, 전신이 검정색이다.

역학 力學

백원 짜리
동전 무게
빼어닮은
상모솔새

152cm
큰고니의
날개 끝에
깃을 꽂아

러시아
바이칼호수
지구끝을
돈다네

필자 소유의 만년필이다. 파카류가 많다. 원고 쓰기에 좋았다. 고급 몽블랑 제품도 2자루 있다. 눈 감으면 코 베어 간다는 서울 생활, 필자도 애인에게서 받은 첫 선물 파가 21을 청계천 오간수다리에서 날치기당했다. 똑같은 모양을 구하려고 지금껏 관심을 갖고 있다. 그걸 이야기하자면 길다.

필자가 사용한 만년필용 잉크이다. 소형은 300,400,500원짜리다. 궁상맞게 어쩌자고 모아두었는지 모르겠다.

순서와 순번

난분의 소심素心은
불문율이 율법이다

개화와 낙화에서
순서는 헌법이다

환자와
나 사이에는
보름 차로
위 아래

하루라도 앞선다며
눈만 뜨면 하는 소리

환자 두고 내가 가면
어이할까 두렵다

소심의
낙화 법에도
예외규정
있을 터

난蘭 소심素心이 꽃대를 올리더니 꽃 3송이를 달았다. 교배종이다. 백화이다. 아주 잘못 키운 솜씨다. 꽃 5송이는 기본이다. 7송이까지 키워내면 금메달감이다. 3송이 가지고도 거실에 향내를 담아 놓는다. 소심의 흉내라도 하였으니 고가인 귀동자 DNA를 가지고 있을 터이다. 이들에게는 정확하게 피는 순서가 있다. 어기는 법이 없다. 피는 순서대로 늙어서 순서대로 낙화한다. 소素자가 붙는 난꽃은 성미가 까다롭다. 몸에 바르는 향수가 있다고 하나, 소심의 향내 어림없다. '평소의 마음'을 소심이라 한다.

고독

하늘이 높다해서 고맙다는 상달에
해와달이 곁눈질로 술래잡기 하는사이

환자는
고목이 되어
인간사를
엮는다

양반의 도포자락, 안방마님의 치맛자락도 도투마리 속에 감기어 있다. 앉을깨에 앉은 여인의 귀에는 용두머리 우는 소리뿐이다. 무논 갈이에 익숙해야 상일꾼이 되듯, 처녀는 베틀에 올라야 시집을 갔다.

고향이란

태어나서 자란 곳
대를 이어 살아온 곳

마음속에 간직한
그리웁고 정이든 곳

모두가
거짓 말이다
늙어지면
찾는 곳

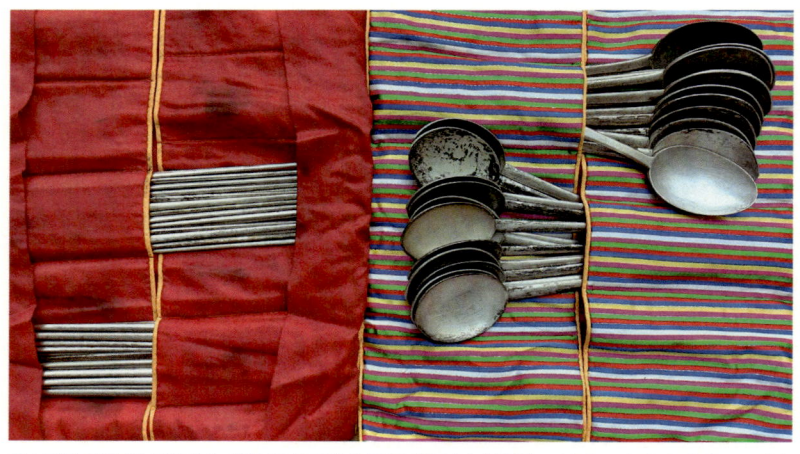

은수저가 각각 열 두벌이다. 성인 것과 미성년 것이 반반이다. 친척이 모이면 그 숫자가 된다는 소리다.
큰 묶음이 성인 것. 작은 묶음이 미성년 용이다.

귀농, 귀촌

귀농인가 귀촌인가 그게 모두 그런 뜻
서울짐 꽁꽁 묶어서 달구지에 싣겠지
인심이 천심이오, 천심이 인심이듯
남새밭 베푼 인정 시나브로 자라는 곳
인근 마을 합심으로 만세 불러 환영할 터
農者는 天下之大本 현수막이 그립네

〈서울특별시문학상〉 수상하던 날이다. 서울시청 별관이다. 70세 이전의 우리 내외 모습이다.

(上)- 필자가 태어나 자란 마을이다. 1980년 11월에 촬영했다. 푸른 소나무(洞神木) 한 그루가 11시 방향으로 멀리 보인다. 12시 방향에 라켓같은 표시가 있다. 그 라켓의 바로 아래 반듯하게 보이는 집이 필자의 생가이다. 그리고 마을의 중앙지점에 잎 떨군 팽나무 한 그루가 마른 잔가지를 수북이 안고 논바닥의 가운데 서 있다. 마을을 지켜주는 동신목이다. 어느 해 여름 강풍에 넘어지고 지금은 빈자리만 남아 있다.

(下)- 이만유(한국문협 문경지부회장(前).문경새재 아리랑학교관장) 많이 변했다. 필자의 집도 헐리고 없다. 드론촬영이다. (2024.7)

下篇

저승 곁

/치매환자로 살기/

건강법 비교

TV 깨워 엄마 얘기 엄마 깨워 아빠 얘기
뜨는 해는 서쪽 하늘 지는 해가 동쪽 하늘
하하하
그것이 바로
치매환자
기억력

섬돌 위 수반 하나 관악산을 옮겨놓고
세계명산 1,625좌座 조목조목 암송하며
질마재
맨발로 넘기
그게 바로
건강법

* 未堂님의 옛집은 서울 마포구 공덕동 어느 긴 고샅길 막다른 곳에 살구나무가 마당에 있는 적산가옥이었다. 지금은 흔적조차 찾을 수가 없어졌다.

(上)- 사당동 예술인마을 미당 사시는 집이다. 고즈넉한 옛집을 문패가 홀로 지키고 있다. 필자의 사진술이 고작 이 정도이다. 필자도 은사님과 같이 2층 단독에서 살았다. 그 집에 내렸던 정이 아직 식지 않는다. 단독에 뿌린 씨는 자라서 꽃을 피우나 보다. 아래 사진은 필자의 농장이다.

네이처

데상 앤 뜰로라
네이처와 상견례

나를 위한 좋은 선물
프랑스 정통 컬러링북

이승에
머무는 동안 벗이 되어 살래요

환자용 컬러링북 내용 중에서. 환자가 정성을 다하여 칠을 했다. 100만 유럽인들의 스트레스를 날려 버린 프랑스 감상 컬러링북이다. 우리 집 환자에겐 더없이 중요한 일과이다. 환자는 물상의 한땀 한땀을 완성하는 성취감에 젖으며 세상사를 잊는다.

첫상봉

언어의 장벽을 넘어서는 작업이다
호흡을 멈추고야 도달하는 목적지다
영원의 노스탤지어 덤살이의 전부다

40년만에 찾아본 처가의 고향이다. 우리 내외와 처형 내외가 같이 갔다. 일제 강점기의 이야기를 연세가 높으신 여자분(사진의 중앙)이 얘기했다. 일제가 토지문서를 요구하자 할아버지께서 가짜문서를 제출했단다. 그러자 구가의 씨를 말리겠다고 앙심을 품더란다. 겁을 먹은 큰아버지는 강원도 어느 절로 들어가고, 장인분은 첫새벽에 서울로 도망. 서울 한남동 최씨를 찾아서 서울 사람이 되었노란다. 큰아버지는 절에 묵으면서 유언을 했단다. "내 죽거들랑 이 주소로 연락을 해다오." 이후, 돌아가신 뒤 절에서 알려 주더란다.
집사람이 외우고 있는 주소는 '충남 청양군 적곡면 운곡리이다. 그런데 청양군에는 적곡면이 없다. 면을 바꾸어 청양군 운곡면 하면 적곡리가 없다. 서울 현충원에 주소가 있다.

상사相思

종일을 헤매어도 닿지 않는 둘의 정리
먼데 산만 그저 좋아 시간 놓고 바라보기

그대의 사랑 담은 손
한 번인들
주었나

세월이 약이지만 구할 능력 바이없어
신경세포 죽어가는 인사불성 밤샘 불면
치매란
고질 중병을
저 혼자만
앓는다

레오나르도 다빈치가 그린 최후의 만찬이다. 환자가 직접 모셔온 것이다. 성경에서는 최후의 만찬이라는 기록은 없다. 우리가 최후의 만찬이라고 알고 있는 것은 성경에서 유월절이라고 표현된다. 유월절은 예수님의 살을 의미하는 유월절의 떡과, 예수님의 피를 의미하는 유월절의 포도주를 먹고 마시는 절기이다. 중요한 것은 그냥 먹고 마시는 것으로 끝나는 것이 아니라, 성경에서는(하나님께서는) '유월절을 지키면 죄 사함과 영생을 허락하셨다.' 라고 기록하고 있다.

고향마을

동서빙고 고향마을
한강물이 가로흘러

은하수가 되었다네
오작한쌍 다리놓아

꿈엔들
불러봤을까
치매환자
출석부

저곳 어디에 환자가 태어난 곳. 천지가 개벽을 한들 저렇게 변했을까! 압구정 현대아파트 옆 한강에서 건너본 모습이다. 저 어딘가에 환자가 태어나서 자랐다. 환자는 강가에 나오면 자기가 태어난 집 가장 가까운 방축에 질편히 앉아서 멍청히 강건너 마을을 바라보곤 했었다.

筆者의 書齋다. 月刊紙 等 1,500여 권은 2015.7.27. 주식회사준경인터네셔날에 보냈다. 보관 중인 것에는 著者 署名 冊子가 많은 편이다.

太極旗 參位는 時局集會時 筆者 所持의 必需物이었다. 태극기 3위는 괘종시계 옆에 꽂혀 있는 데 가려서 보이지 않는다.

(上)- 필자의 서재다. 1,500부 분량은 주식회사준경인터내셔날에 기증하고(2015.7.27.), 나머지 2,500 부 정도는 문경문학관에 기증하기로(2021.12.1.)약조하였다.

(下)- 안장수. 고윤환 문경시장님(左)과 권득용 문경문학관 이사장님이 도서기증서약서를 들고 계시다. 필자는 부득이한 사정으로 참석을 못하였다. 은사님 김동리 소설가와 서정주 시인님이 필자에게 내리신 친필 서예 액자도 포함이 되어 있다.

둘쨋 날

나에게 중요한 건 지금 일에 집중할 뿐
치매로 멈춰서는 어떤 일도 없을 터
행성이 추락 하듯이 이탈하면 끝이지

일간신문. 서울시가 오는 2026년 광화문광장에 100m 높이 게양대와 초대형 태극기를 설치하겠다고 오세훈 시장이 밝혔다. 서울시는 광화문광장 일대를 워싱턴DC 내셔널몰의 '워싱턴 모뉴먼트', 파리 샹젤리제 거리의 '에투알 개선문'처럼 국가상징공간으로 조성한다는 계획이다. 그러나 태극기 증오세력이 반대하는 입장이다. 실천 여부는 미지수다.
사진은 광화문광장에 설치될 대형 조형물 조감도.

즐거운 시간

신비하고 아름다운 비밀의 정원 얘기 담아
신축년辛丑年 새해 아침 달려온 컬러링북

네이처*
두 번째 선물
새 친구가
왔내요.

농장 뒤뜰에 있는 향나무와 주목이다. 단풍나무 옆쪽으로 백목련 나무의 그늘이 두터워 더위를 피할 수 있는 곳이다. 향나무는 공 드려 키운다. 카 작은 외등은 밤이면 전력 소모 없이 불을 밝힌다.

조해너 배스포드가 그린 컬러링북, 꽃과 나무와 벌레와 동물들이 그 소재(素材)가 된다. 그림은 안티-스트레스 컬러링북 『비밀의 정원』에 담겨 있다. 덧칠은 환자가 했다. 환자는 꽃을 좋아한다. 그러나 기르는 데는 별무 취미이다. 덧칠의 솜씨가 퍽 섬세하다.

친화

남과 남이 잡은 손은
어색함이 번져나고

여와 남이 잡는 손은
말꼬리가 자라나고

부부가
맞잡은 손은
가슴 피가
흐르네

윤기관 (사진작가,시인,수필가. 제18회 군산관광전국사진공모전 수상작이다. 작품명은 '해망로 196번지'이다.)

기만

속아주는 사람은
속일 수 있는 사람이고

웃어주는 사람은
웃길 수 있는 사람이고

인정이
많은 사람은
마음 먼저
전한다

신문에 끼어 온 전단지이다.

인연

바위 목에 걸려 있는 메아리 불러내어
달무리 그늘 아래 연서 놓고 장타령
둘 합쳐
백 여든 두 살
이만하면
장수촌

70대 초반인 듯하다. 원주 오크밸리에서.

(上)- 고향마을 하늘에 3번째 떠오른 쌍무지개, 처음 보는 현상입니다. 좋은 일이 있으려나 봅니다. 문경 새재문인협회 고홍림 사무차장님 솜씨입니다.

(下)- 1954년 3월 3일 졸업 후, 71년 만에 찾은 모교, 제4회 동기동창은 네 사람. 카네이션 한 송이 안고 돌아왔다.〈제49차 문경중학교 총동창회 체육대회 2025.8.15.모습. 좌로부터 이창근(국사편찬위원회 사료조사위원). 김영탁(필자). 김용래(농업인). 이규순(전면장). 전경홍(전,동산의원원장)〉

관상

아침나절 컬러링북
꼼짝 않고 그리더니

미간 사이 불쾌지수
내천자(川)를 음각했네

마니님
돌봄이 정성
소홀했어
미안해

이 모습으로 누워서 잠자는 시간이 하루 중 제일 많은 편이다. 다음이 컬러링북에 색칠하기, 그리고 TV 보기, 이런 순서로 시간을 보낸다. 주로 낮 시간대는 둘이 지낸다. 어인 일인가! 하루가 서너 시간 쯤으로 빨리 지나간다.

불두화

저승꽃은 희게 피고
이승꽃은 붉게 피고

저승 꽃은 향이 없고
이승 꽃은 향이 짙어

부처님
두상을 닮은
불두화는
석여*야

* 석여(石女): 돌계집, 불임여(不姙女)를 이르는 말

거실에 마련해준 화실?이다. 한번 자리잡고 앉아서 덧칠을 하기 시작하면 시간 가는 줄 모른다. 보통 이 1시간이다. 중지시키고 소파에 누워서 쉬게 할 때가 많다. 집안 식구가 무엇을 하자고 요구하면 거절하는 경우가 그이 없다. 늘 기분 좋은 모습으로 지낸다. 습관이 되었으면 좋겠다.

다용도실이다. 여름에는 주로 이 작은 화실에서 그린다. 아파트 뒷마당 경치가 좋다. 정원이 있고, 시원하다. 거주민들이 부지런히 승용차를 몰고 다닌다. 화실이겠는가만 필자가 부르는 이름이다.

요정이네 집 구경

요정이네 2층에는
꽃밭 천국 열두 천국

치매 천숙千淑* 좋아하는
백도화가 천발 만발

그 시절
꽃비 속으로
헤엄치듯
걷는다

* 치매환자의 성명

화구

환자의 화구(畵具). 환자가 숨을 쉬는 24시간 동안 가장 보람을 느끼는 것이 요정이네 집 구경하기다. 구경이란 다름 아닌 컬러링북에 색칠하기다. 한번 자리에 앉으면 시간 단위의 작업을 하기가 일수이다. 그만 쉬자고 권하는 경우가 있다. 말없이 옆에 앉아서 환자의 얼굴 표정을 살피는 경우다. 도대체 무슨 생각을 하고 있는지, 그 얼굴 표정에서 읽을 수 있는 것은 아무것도 없다. 환자는 몰두해서 그리 건만 옆에 앉아서 보는 이는 안타까움 뿐이다.

오늘 28권째 컬러링북을 사 왔다. 꽃잎과 수풀 대신 입체감을 요구하는 짐승을 그리도록 도안이 되어 있는 북이다. 그리기에 대한 실증을 아직은 보이지 않는다. 고맙다.

고려시대의 풍습

줄다리기 이천 년
공시共時, 통시通時 사천 년

돌아온 제자리는
어쩌면 같은 자리

인대각人臺閣*
망대에 앉아
조상 혼이
엿보네

호적 명은 선길동
진단명은 노망증세

아들 사위 몰려 와서
수선 떨다 가버리면

그대는
유산이 많아
걱정 없이
지내소

*臺閣은 사헌부와 사간원을 지칭한다.

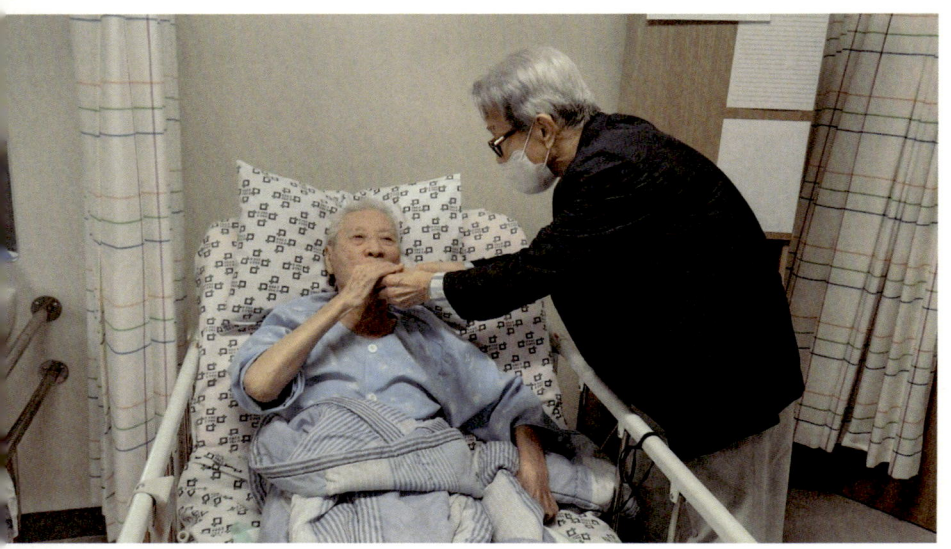

입원 중인 큰동생의 모습이다. '문경점촌요양병원'이다. 가슴이 쿵! 하고, 목이 메었다. 목 디스크로 보행이 매우 불편하다. 2025.8.15.11시경 문병했다.

요양병원의 1층 현관의 모습이다. 장소가 여유롭고 깨끗했다. 병원 현관을 나서는데 문득 떠오른 시상詩想이다.

정상 뇌

노망 환자 눈에는
정상 뇌가 보이는데

치매 환자 눈에는
병든 뇌를 보지 못해

언제나
이기는 쪽은
노망환자
단골 몫

TV 방영.
부엉이가 수를 계산할 때에는 반드시 짝으로 한다는데, 그렇게 되면 하나가 없어진 것은 알아도 짝으로 없어지는 것은 모른다는 것이다.

부엉이 셈법

비밀의 요정으로 혼자 숨어 왔지요

부엉이 셈법*이면 관문은 쉬운 통과

수문장
계산법에는
짝수셈만
통하지

필자가 관리하는 농장이다. 마당 초입에 마련된 작은 연못이다. 마을에서는 작은 연못 있는 집으로 통한다. 지금은 아이들이 돌본다. 집안이 온통 소나무 밭이다.

초보네 마을

초보 마을 식구들은
눈물이 많아요

문 나올 때 두 방울
대문 들 때 세 방울

마당 앞
연못에 괸물
초보 눈물
합친 것

망각곡선

무념무상 천상 학은 운무가 즐거운데
낮 달月을 먼저 보면 부자 된다던 아버지
그 말씀
심중에 남아
싹을 틔워
자라네

아침 까치 짖는 소리 선점하여 들어주면
기쁜 소식 전한다던 어머니의 말씀이
오늘도
회오리바람
허공 속을
맴도네

아버지가 남긴 말씀 어머니가 남긴 말씀
왼새끼로 꼬이더니 마을 입구 금줄 되고
동신목
뿌리를 묶어
마을 부적符籍
만드네

마을의 안녕을 지켜주는 동신목이다. 어릴 때 3,4m까지(첫 가지가 있는 곳)기어서 올라갔다. 싫어하는 늙은 어른이 장을 보고 돌아오는 시간 이곳에 올라가서 나무 막대기를 두들겨 시끄러운 소리를 내기도 했다. 뒤쪽으로 보이는 길은 마을버스 노선이다. 논둑길이었다.

환생

황금방 왕자 열쇠
두 번 따고 입문했네

치매궁전 구십구간
혼밥지어 먹고지고

망백望百에
한복 차림
상사화로
피었네

환자가 되기 이전 모습이다. 단독에 살았다. 한복 입기를 좋아한다. 옷섶에 달려 있는 노리개는 필자의 장편소설 『三作 노리개』 표지용으로 사용했다. 한 쌍의 잠안옥반지인데 하나만 끼웠다.

환상

가시연꽃 수반 위에
천년 세월 모셔 놓고

지아비가 손수 담근
뽕나무술 쑥부쟁이

한 사발
비우고 보니
잃은 청춘
한 되네

어느 해 여름인가. 한탄강으로 피서 갔다, 물을 보면 겁을 내는 겁쟁이가 제법 급류인 물에 발을 담그고 미소까지 짓는 여유를 보인다.
가까이 사는 이웃 4촌, 5집 식구 10명이 동행, 1박을 하는 피서를 했다. 사진은 필자의 솜씨다.

이승에 남기

백년은 너무 짧고
천년은 너무 길어

중간계界가 어디인지
짐작이나 할랴마는

우리부부
호적관리는
성모님의
출석부

거실에 모신 성모님이시다. 환자에게 성모님은 본인 삶의 전부였다. 3년간을 아침 6시 새벽 미사에 참여했다. 외출 시는 '잘 다녀 오겠다'며 인사하고, 돌아오면 '잘 다녀 왔다'고 보고했다. 성모님은 꽃을 좋아하신다고 했다.

우이독경

난장에 매판차려 치매치료 판매하네

오가는 이 많건마는 관심갖기 쉽지않네

벗님아
치매 환자는
살아서도
죽은몸

치매환자에 도움 되는 자료는 많이 읽고 있다. 물에 빠졌으니 지푸라기 잡기다.

망각지대

거실에서 서성이는
딸아이 소속 몰라

누구냐고 물어오기
횟수 늘어 가슴답답

비워진
저 머릿속에
무엇하나
남을까

주인을 기다리는 듯 머플러가 옷장 밖으로 나오고 싶은 모양을 하고 있다.

관심 갖기

어리연은 치매환자
미소로 꽃잎 열고

가시연은 치매환자
눈물 먹고 자란다지

희귀종 하얀어리연
축제마당 가보세

우포늪 알림 책자에서. '가시연꽃'이다. 꽃대를 내밀고 입을 벌리고 있다. 왜 온통 가시로 담을 쌓았을까? 사람이나 식물이나 자기보호의 최후수단은 무기인가 보다. 천적은 인간이라 했던가. 연꽃은 아침에 핀다. 늪의 사연을 알고 싶어 먼 길 갔는데 비가 너무 세차게 내려 여관에서 하룻밤을 묵고 되돌아왔다.

요양원 식구되기

시공을 초월한
역사 쌓는 과정이다

저승과 이승 사이
인정 푸는 몸짓이다

5천 년
탯줄 찾아서
역사 풀어
잇기다

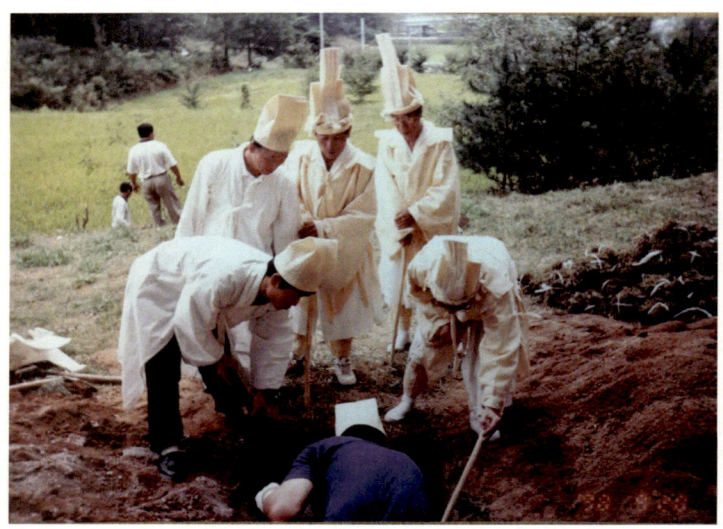

모친의 하관 모습이다. 모친은 96세에 하늘나라(1998년 9월 16일 6時(음7월 25일)) 가셨다. 신부님과 성모님이 인도하시는 당신의 모습을 둘째 며느리가 꿈에 보았다. 둘째는 성당 교인이 아니다. 그런데 꿈의 모습이 성당의 제례 분위기여서 놀랐다.

수구초심

낭길* 따라 도강하면
검정 오디 뽕나무밭

모래사장 뛰놀다가
돌아서면 저녁나절

내 고향
서빙고마을
언제 다시 가볼까

* 낭떠러지를 끼고 난 길.

잠실 뽕나무, 서울특별시기념물 제1호
서초구 잠원동 55-11소유 서울특별시 관리 서초구청 국가유산. 뽕나무는 추위에 견디는 힘이 강해 전국 어디에서나 자란다. 뽕나무는 농작물 버금갈 정도로 백의 민족에게 유용했다. 껍질 뿌리까지 버려지지 않는다. 어린 시절 집사람은 잠실나루를 이용 배를 타고 이곳에 와서 오디를 따서 먹고 놀았다. 이을순, 경양옥은 서로 추녀가 보이는 집에서 자랐다. 장순남은 지금도 옛날 그 터에서 살고 있다. 그 집에서 동창 7,8 명이 달거리로 모이기를 10여 년 했다.

씨아똥

씨아똥, 애미젖풀, 애기똥풀, 까치다리
이름이야 곱다지만 하는 짓은 개차반
살소매 등걸바지에 똥을 싸니 씨아똥

뿌리에 솜털 감고 두 해 사는 풀이라지
민주머니 두루주머니 가득 담긴 씨아똥

풀벌레
흘리고 간 똥
환자 등에
묻었네

농장에서 찍었다. 줄기를 꺾으면 기다렸다는 듯 똥물을 쏟아 놓는다. 예쁜 꽃을 피운다는 게 고맙다.

무명용사

백두혈통 요망기에 피로 물던 두물머리
암수 한 쌍 칡부엉이 밤을 새워 우는가
이 밤도
내 쌀 뜯어서
어디에다
쓴다지

TV 방영. 칡부엉이는 한국의 자연이 좋은가보다. 산림 속 밤의 제왕이다. 칡부엉이의 독특한 울음소리는 밤하늘을 가로지르는 신비로움으로, 이 소리가 들리면 근처에 칡부엉이가 있다고 생각해볼 수 있다. 칡부엉이 울음소리는 부엉이의 '호-' 와 비둘기의 '구구-' 거리는 음의 중간으로, 2~4초마다 반복되는 것이 마치 나무를 톱으로 자르는 듯하다. 수컷은 날개를 (아래로) 내리치는 소리를 내어 암컷에게 메시지를 전한다. 암컷은 수컷보다 거칠고 날카로운 음을 낸다. 부라퀴가 아니라면 이 소리 듣고 무섭지 않을 사람 없다.

뻐꾸기

귀촉도 귀촉도 각혈하는 망제 혼아
사위가 배신하여 실권失權하고 후회하네
환자는
'1분단기기억'*
못하면서
지내지

* 1분 이전의 기억

일화이다. 유비가 건국하고 제갈양이 보좌했다는 촉나라에 이름은 두우, 망제라는 호를 가진 왕이 있었다. 어느 날 망제가 산 밑을 지날 때 시체(鱉靈) 하나가 떠내려 오다가 망제 앞에서 살아났다. 이에 망제는 대인이라 여기고 벼슬을 내린다. 정승 자리에 오른 별령은 불측한 마음을 품는다. 별령은 천하일색 귀한 딸을 망제에게 바친다. 결국 별령은 망제를 나라 밖으로 몰아내고 왕이 된다. 나라를 빼앗기고 쫓겨난 망제는 촉나라로 돌아가지 못하는 신세가 되어 촉혼이 되었다. 컴퓨터에서 초록했다.

뻐꾸기 이름을 열거했다. 모두 25개에 이른다.

귀촉도. 불여귀. 망제혼. 두견이. 두견. 촉혼. 촉조. 촉백. 자규. 두우. 두백. 단제. 사표. 제격. 단귀. 제결. 원조. 휴주. 제귀. 매궤. 단조. 접동새. 산접동. 소쩍새. 뻐꾸기등이다.

추공 秋空

한성漢城의 가을 하늘
높디높고 푸른데

내 영혼 헐어내어
어디에다 쓴다던가

불수의
안구운동이*
두려움을
모르네

---

* 빠르게 시점을 옮겨도 카메라가 흔들리는 것처럼 우리의 시계가 흔들리는 일은 없다. 이것은 안정된 시각을 얻기 위해 '단속안구운동' 중에는 뇌가 시각정보를 차단하고 있기 때문이다. 이런 눈의 움직임을 '불수의 안구운동'이라 한다.

궁합

겉궁합 속궁함 서로맞아 천생연분
어이타가 치매타령 환자가 되었는가
하늘에
새집 지어서
천연토록
살아보세

압구정 성당이다. 교우 생활 오래 했다. 사는 집과는 직선 거리 100여 m 정도이다. 우리 성 가족은 주님 은총 많이 받고 있다.

아내

이쪽은 약관弱冠이오
그쪽은 과년瓜年인데

천혜의 찰떡궁합
다시 천년 연을 이어

치매는
먼 곳에 두고
새록새록
살아보세

70 직전의 모습이다. 원주에 있는 농원이다. 필자가 손수 건사했다. 힘은 들었지만 농사짓는 집에 태어났기에 흙을 밟고, 만지는 일이 싫지 않았다. 늘 어머니 생각하며 일을 했다. 평생 병마를 안고 사셨던 아버지의 대역을 하시느라 어머니는 1급 농군이 되셨다. 불쌍하고 고마우신 분이다. 이 농장 이제는 아이들이 돌본다.

보고 싶구나

눈 감아야 보이는 이문자 박옥연 윤태옥

하나같이 앞서 간 대학의 동문들아

고약한
치매환자는
살았어도
죽은 몸

금곡능이다. 4291(1958)년 10월 3일의 모습이다. 비교적 단명, 사진의 동창 중 두 사람만이 생존 한 듯……

병상일지

살아서도 죽어 있는 내 친구가 이웃 살고
뼈가 걷고 움직이는 내 동창이 이웃 산다
인간사
가고 남기는
하느님의
이치지

김기홍. 장흥문화원원장(前). 국사편찬위원회 사료조사위원. 뿌리의 구조가 놀랍다. 숨어 있는 뿌리는 어떠한 형태를 이루고 있을까? 자연의 천적은 인간이란다. 원시림의 생명은 영원한 것인가.

죄의 비교학

저승에는 천국문이
하나밖에 없다던데

이승에는 천국문이
1천 개가 넘나보네
까짓거
목숨 하나쯤
판사 맘에
달렸네

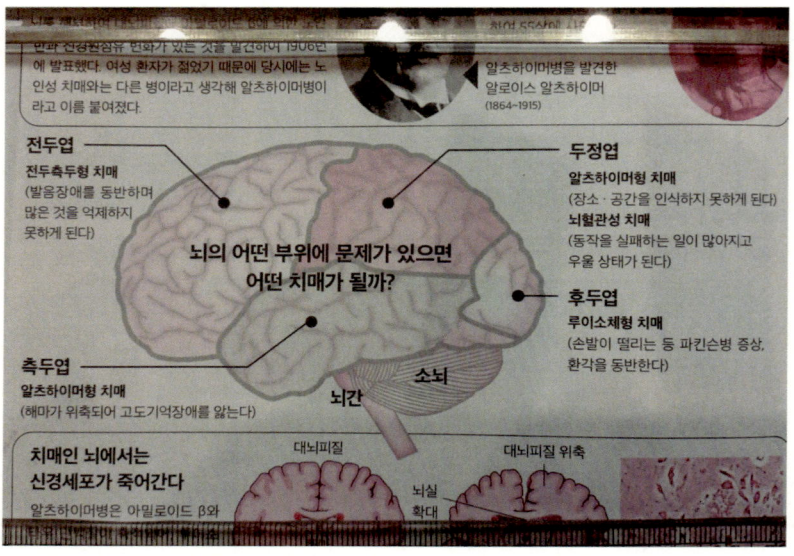

『친절한 뇌과학 이야기』 중에서. 환자에게 치매 이야기는 금물이다. 질문의 정답은 모두가 '모른다'이다.

◆ 당신들을 위한 부적符籍이다.

당신當身이란, 어느 특정인(左와友)을 지적하는 인칭대명사가 아니다. 국가의 장래를 위함에 앞서, 일신의 영달을 우선시하는 함양미달 하류 정치인을 말한다.

오래 살아 좋을 일도 아니다. 망백을 넘어서는 나이에 안 볼 꼴 다 보았다. 두 대통령의 형상 말이다. 중간 下車와 중간 乘車의 과정에서 보지 말았어야 할 꼴을 본 것이다. 도덕도, 진리도, 정의도. 의리도, 법도 시궁창에 뿌리는 꼴을 봤다. 분명 외계外界에서 교육을 받고 온 인간들이었다.

위선에 물이 든 세상을 살아가야 할 2세 국민과 국가의 장래가 걱정된다. 인륜이 대접받는 대한민국이 되기를 두손 모아 빈다.

〈最後의 審判〉 그것은 死者가 還生하기까지 彷徨하는 地獄과도 같고 天國과도 같은 中間世界들이다. 죽음 다음의 단계에서 悟性(능력)에 의한 存在의 近圓으로부터 解放된다.

죽마고우

이을순이, 이정자, 장순남, 송영옥, 경양옥
서오회 벗님들아 내 사정 좋지 못해 西氷庫五會

눈뜨고
세상 모르는
까막잡기
되었네

등산로 입구 길이다. 개미귀신집이 보였다. 집이 3개나 된다. 꿀참나무 밑과 소나무 밑 두 곳이다. 가던 길을 멈추고 앉아서 지켜봤다. 개미가 옆으로만 분주히 다닐 뿐 파놓은 귀신집에는 관심을 두지 않았다. 저렇게 힘들게 지은 집인데, 어느 천년 개미가 잡혀들까. 불쌍했다. 짐짓 한 마리 잡아서 귀신집에 살며시 집어 넣었다. 어랍쇼. 톡! 소리와 더불어 개미가 무지개 모양의 곡선을 그리며 저쪽으로 튕겨 나갔다. 개미가 살기 위하여 자기 힘으로 멀리뛰기를 했는지, 먹잇감이 너무 커서 겁에 질린 개미귀신이 페널티킥을 했는지 숙제가 풀리지 않았다. 십 중 8,9는 개미귀신이 밖으로 날려 보낸 듯이 보였다. 큰 개미집의 모양을 보시라. 개미귀신의 꼬리 쪽에 개미가 가로놓여 있다. 뒷발로 튕겨버리기 직전의 모습이다.

저 정도의 건축이라면 공기가 얼마나 될 것인가. 130층 빌딩도, 황룡사 9층목탑도 저렇게 어렵지는 않았을 터. 저 집 짓는 동안 몸보신을 무엇으로 했을까. 퍽 조심스럽게 접근했다.

계절의 나이 들기

치매를 겪고서야
환자를 안다지

환자를 겪고서야
치매를 안다지

환자의
약처방전을
고맙게도
안다네

원주시 용화산 입구 등산로이다. 아름드리나무의 밑동치에 검은색 물감이 묻어 있다. 나무를 고사시키기 위해 약물을 입혀 놓은 것이다. 이 나무는 봄이 와도 잎을 내지 못할 터이다.

공간

섣달의 비목이
하늘 아래 섧다네

치매환자 연하장을
뉘라서 전해줄까

포성은
이명耳鳴이 되어
밤이 되면
도지네

생일상 차리기다. 좋은 시절 저물었다.

서원주초등학교 정문 가까이에 있는 공원 내의 나무다. 아랫부분은 절단이 되어 있고, 중간 부분은 붙었다. 연리목 連理木 형태를 유지하고 있다. 이 또한 자연의 오묘함이다.

부부

합친 나이 184세 한 지붕 같이 살지
치매가 남편 앞에서 소리치고 으시대네
"누구든 나와 보라 해 이 몸처럼 편한가"

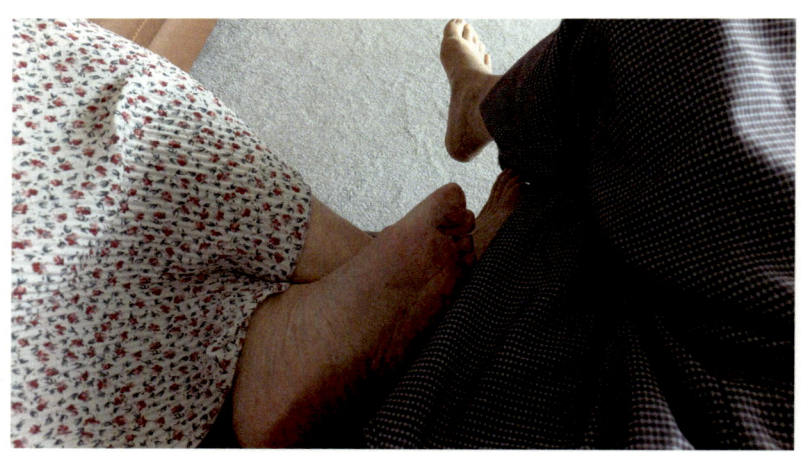

환자가 가장 선호하는 자세이다. 깊이 잠들 수 있는 시간이 되고, 미간 사이의 내천자(川)가 희미해진다. 유난히 겁이 많은 사람이었다. 내가 24시간 옆에 있어 주기를 원한다.

불투명 시인

시인의 화상이
차창에 걸려있네

분주하게 오고 가며
갈아타는 교대역

혹시나
치매의 율시
읽을까바
맘조여

3호선 전철 압구정역

반딧불이 처럼

유채꽃이 피었는가 밤하늘이 황금이다
환갑지난 논개구리 별이좋아 운다는데
청사롱 바투어들고 마실나온 반딧불이

친구좋아 짝이되어 알콩달콩 사랑옵다*
이승인심 자랑하며 사랑노래 부르다가
소지燒紙로 제몸불살라 하늘나라 간다네

아흔나이 보이도록 그래저래 살아왔지
정신놓고 생각없는 치매환자 되었는고
내 이름
알지도 못해
뿌질뿌질*
운다네

* 생김새나 행동이 사랑을 느낄 정도로 귀엽다.
* 매우 속이 상하거나 안타까워서 자꾸 몹시 애가 타는 모양

정선의 화첩에 담긴 압구정 그림이다. 이마저 없었더라면 정자의 모습은 볼 수 없을 터이다. 압구정은 압구정동 산310번지 일대에 있었던 정자이다. 권신 한명회가 만년에 서울 두모포 남쪽 언덕에 지은 정자로 조선말기까지 존립하다가 1884년에 헐리었다.

압구정지. 볼 때마다 아쉬운 맘이다. 어쩌자고 그 유명한 압구정자를 헐어내었단 말인가. 정자만이라도 옮겨놨어야 했다. 예나 지금이나 한국국민, 역사에 무식하기는 마찬가지다. 옛것을 못 지킨다. 오래전 유럽을 여행할 때다. 센강을 유람했다. 안내원이 명승지를 안내했다. 그게 그리 부러웠다.

압구정자 狎鷗亭子

서빙고동 압구정동 마주보며 이웃하네

정을 심고 살았건만 압구정자 나를 버려

망백에
치매환자로
날숨 쉬며
버티네

어느 등산로에 노출되어 있는 소나무다. 그냥 두었으면 올곧게 자라, 4계절 푸른 금강송이다. 칡넝쿨이 달라붙어 저렇게 만들었다. 착시현상 아닌 실제의 모습이다. 작금의 대한민국을 보는 것 같아 가슴아프다. 포승縛繩 받은 중죄인이듯 꽁꽁 묶인 저 소나무, 사진 걸어둘 곳이 딱 한군데 있다. 국가인들, 군주인들 견딜 수가 있을까. 5년 시한의 행정권자, 입법권자 당신들의 모습이다.
하루는 날 선 칼을 소지하고 접근했다. 누군가가 칡의 밑부분을 싹뚝싹뚝 잘라 놓았다.

여보! 여보!

치매환자 잠든 모습
조선천하 편했는데
앞니3개 뽑고나니
다른모습 되었구료
벗님아
부모님 유산
이렇듯이
중하네

견진성사 기념사진이다. 집사람과 같은 날이다. 전열 중앙이 김수환 추기경님이시다.

애사 哀史

여기가 어디냐고 저 사람 누구냐고
서울집을 비워두고 여기 와서 사느냐고
한 품고
우짓는 모습
하늘 땅이
무너져

얼굴에 미소 담기 가슴에 희망 담기
가족은 희극배우 대사 없는 즉흥극
천상의
히포크라테스
모셔 놓고
산다네

압구정은 제2의 고향이다. 청춘을 바쳐 살았다. 직장 찾아온 동네. 압구정 신현대 아파트다.

긴 이별

단짝 문인 봄꽃 필 때
하나같이 이승 떠나

하나 남은 절친 교우
언제 소천 허무하네

두렵다
치매환자를
누가 있어
벗하나

손때가 묻은 부엌 가구이다. 버리지 못하는 성미다. 기회 봐서 내가 처리를 하련다.
아이들의 수고를 덜어주는 일이다.

환자가 많이 아끼던 묵주다. 압구정성당 연령회에서 미리내성지로 견학 갔을 때 준비해 왔다. 저승에 들 적 이렇게 손에 쥐고 가면 된다. 천 마리아(上). 김 요셉(下)

돌아오지 않는 다리

피를 나눈 겨레는
남남이 될 수 없어

하나로 되고 싶은
사무치는 소망 하나

천병만
육군 이등병
언제 다시
만날까

◆ 현충일이면 둘이 이곳을 찾았다. 천병만은 입대 후 한 달을 못 넘기고, 적군의 총탄으로 저승 몸이 되었다. 고인의 고향은 충청남도 청양군 운곡면 00리이다.